regard sur... Lavaux

Aquarelles et pastels de Michel Tenthorey

Carnets Verts

Lavaux : voué à la vigne par ses hommes et ses femmes, gardiens d'une tradition artisanale. Sa vigne, fille de la terre, de l'eau et du soleil, a le Léman pour miroir, et son vin demeure l'œuvre du temps, celui du passé comme celui de l'avenir.

Les villages pittoresques de ce vignoble, mémoire de ce pays, sont resserrés autour de leurs caveaux, avec leurs fontaines et leurs maisons fleuries, tangibles rappels de la proximité de la campagne vaudoise.

*F*açonné par l'alternance des couches dures du poudingue et des couches tendres de
la marne, Lavaux bénéficie d'une exposition magnifique. L'admirable vue sur
le lac que l'on peut découvrir de toutes les parties de Lavaux
fait de cette région un des joyaux de la Suisse.

Dans la région de Rivaz et Epesses, les «charmus» ou murets chauves,
signifiant des murs de pierres sèches, s'étagent dans Lavaux
depuis le Moyen Age.

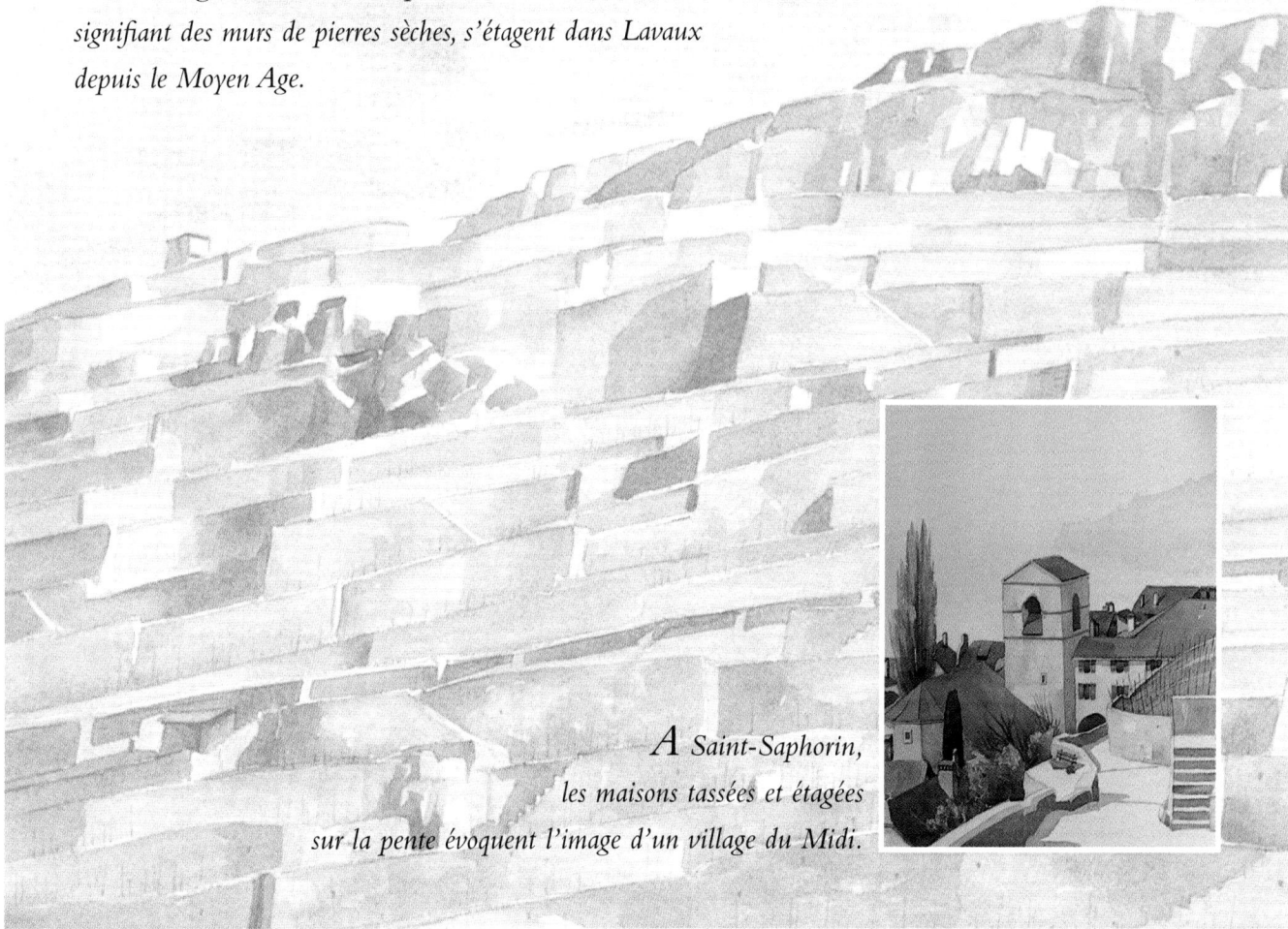

A Saint-Saphorin,
les maisons tassées et étagées
sur la pente évoquent l'image d'un village du Midi.

Ogoz, facile à atteindre aujourd'hui juste au nord de St-Saphorin, se trouvait à l'origine dans une contrée sauvage, un maquis de broussailles, de ronces et de pierres. Les moines prémontrés de l'abbaye du lac de Joux, avec l'aide de leur prieuré de Rueyres, commencèrent le défrichage en traçant des sentiers, construisant des murs, des escaliers pour relier les terrasses, porter la terre et enfin planter la vigne.

Le Burignon, gros bâtiment se dressant à proximité du torrent de la Salenche qui descend, rapide, jusqu'au lac à l'orient de St-Saphorin, appartient à la commune de Lausanne. Le vignoble du Burignon semble remonter à environ 1147 et aurait été créé par les moines du Haut-Crêt.

La terre austère de Lavaux, trois fois ensoleillée, par le soleil direct, le lac et la chaleur des murs, a su utiliser le vin comme instrument de communication en le faisant parler et en nous faisant rêver. A travers ses arômes et ses parfums, le vin révèle le terroir qui l'a vu naître.

La saveur discrète du raisin de Chasselas, noble cépage à grappes dorées, permet à ses vins de se métamorphoser et de s'imprégner, au gré des changements de sol, de taille et d'exposition, des mille et une facettes de Lavaux.

Le Gamay et le Pinot noir sont les deux principaux cépages rouges cultivés en Lavaux et déjà par les Romains. Le Pinot noir, dont la chair est d'une grande finesse, passe pour donner l'un des meilleurs vins rouges du monde.

Le bourg de Lutry semble avoir été fondé vers 1025 par des moines bénédictins de St Martin de Savigny, qui s'installèrent au bord du lac pour y fonder un couvent et une église. Un bourg se développera, dont les occupations essentielles seront, tout comme aujourd'hui, la culture de la vigne et la pêche. Quatre tours marquent le paysage de Lutry : la tour de l'Eglise, la tour de l'Horloge, la tour du Bourg ou tour Berthold et la tour Bertholod.

La tour Bertholod et son vignoble sont propriété de la ville de Payerne depuis 1545. Outre les grands monuments qui marquent le paysage de Lutry, le sous-sol renferme des mégalithes, des menhirs remontant à 3000 ou 3500 ans av. J.-C.

Les deux châteaux de Montagny et de la Boillataz, situés au milieu d'un vaste vignoble en pente, se voient de loin, d'autant que les bâtisses, comme beaucoup dans ce vignoble, sont de dimensions imposantes. Ces vignes furent données par le roi de Bourgogne Rodolphe III aux moines qui s'établissaient à Lutry et qui construisirent une « maison forte », c'est-à-dire un modeste château pour y abriter leurs vignerons et leurs récoltes.

À Aran et Villette, la route de la Petite Corniche permet de traverser Lavaux en empruntant les traces des vignerons-paysans d'antan et des moines défricheurs dans leur continuel va-et-vient du Jorat au Léman.

Les escaliers du chemin de la Creuse

Villette, dont le clocher octogonal en pierre attire l'attention, fait suite à Lutry sur la route du lac. Au cours du Moyen Age, ce genre de clocher typique se répandit dans tout le Valais, la région d'Aigle et celle de Vevey.

Vignes en Courseboux sous Grandvaux, coteau escarpé
sillonné de murs, comme la trame d'un puzzle pour géants

Le village de Grandvaux, sur un balcon accroché à la pente
entre Villette et Cully, doit probablement son nom à un
mot celtique désignant un terrain graveleux.

La superbe maison de la Crausaz, avec ses blanches façades, semble ne pas vouloir se mêler à la foule, et admire le paysage de plus loin…

*Le golfe de Cully
est depuis toujours
un abri naturel.
Une station lacustre,*
fondations et des bain
romains au Treytorren
y ont été découverts.

Champaflons, dans les hauts de Cully

*Les Maisonnettes…
Le Major Davel, amoureux du
merveilleux coteau, voulait que son
pays fût libre… Son histoire a sa place
dans la mémoire collective : elle rappelle que la fierté
d'un peuple réside dans son courage à tirer les leçons du passé.*

Tout au long de son histoire, ce village a connu un grand nombre de dénominations : « Rualdo » (1053), « Ruez », « Ruais », et finalement Riex. Il a su conserver son caractère vigneron et compte de nombreuses maisons anciennes et typiques.

Lorsque le printemps annonce le renouveau de la vigne, les « Corbeilles d'Or » tapissent merveilleusement les murs de Riex et illuminent Lavau comme un tableau vivant.

L'extrême variété de couleurs et l'ambiance de
Lavaux, l'éclat et les nuances infinies que le
miroir du lac confère à l'enchevêtrement
des murets provoquent cette rencontre fabuleuse
du ciel, de la terre et de l'eau.

Chemin de vignes près de Riex

Epesses

Lorsqu'on remonte la route de la Corniche entre Cully et Chexbres, on arrive à Epesses, village vigneron harmonieusement assis au milieu de sa pente. *Au fil de ses occupations, Epesses a gardé l'esprit gai et bon vivant issu de la Maison de Savoie et de l'Evêché de Lausanne.*

Au Crêt-Dessous

La Tour de Marsens tire son nom de l'abbaye d'Humilimont, bâtie près de Marsens en pays fribourgeois. Héritier de l'abbaye qui abrita des moines prémontrés, l'hôpital de Fribourg

possède encore des vignes proches de la vénérable tour. La forme carrée de la Tour de Marsens est typique des tours du XIIe siècle.

Calamin est un des deux crus de Lavaux et tire sa force du terroir et de ses nuances calcaires. A la fois ferme et racée, sa personnalité s'affirme au palais par une saveur séveuse alliée à une fine amertume.

Vue sur le Calamin depuis la Tour de Marsens

De la terre… et de l'eau

Le Calamin vu d

*Escaliers et coulisse au Dézaley,
rappelant les pyramides d'Egypte…*

Une exposition exceptionnelle
caractérise le Dézaley et fait de
son vin le grand cru de Lavaux.
Cet atout confère au Chasselas
une ampleur et une persistance
remarquables dans les arômes :
amande, pain grillé, miel, sans
oublier une remarquable aptitude
au vieillissement.

*Dézaley et mer
de brouillard sur le lac*

Au chemin de la Dame, l'escalier tombe sur le lac…

La vue de Chexbres, « Balcon du Léman »

« *Le vin que le vigneron* *de là-bas vous offre pétil* *de l'image de sa région c* *les yeux, de toutes parts,* *rencontrent un coin de* *paysage aimé. Ce paysag* *parfois aveuglant, les* *vignerons l'ont contempl* *avec tant d'assiduité que* *leurs yeux s'en sont pliss* *et que leurs rides se sont* *creusées davantage, plus* *profondes, comme ces sill* *d'orages qui délabrent les* *parchets inclinés.* »

René Borc*

Automne à Rivaz. De gauche à droite : Dent de Jaman, Rochers de Naye et Tours d'Aï.

Agrippé à mi-coteau entre le lac et le village de Chexbres, Rivaz a su garder, grâce à ses maisons serrées les unes contre les autres, son identité de village vigneron. Une vingtaine de pressoirs permettent d'encaver et de commercialiser plus de 800 000 litres de vin dans la Suisse entière.

St-Saphorin - Rivaz. Résidence plus que château fort, Glérolles marie la vigne et le lac. Il y a plus de quatre siècles, Aymon de Montfaucon, évêque de Lausanne, se plaisait déjà à y convier poètes et prosateurs. Glérolles a joué un rôle capital dans la vie culturelle de Lavaux, notamment au cours du XXe siècle. Le Château de Glérolles, fierté de Lavaux, construit en l'an 1500, constitue l'une des premières manifestations de la Renaissance italienne en Pays de Vaud.

*Vignes enneigées au chemin de Rosset, entre
Glérolles et le Monteiller*

St-Saphorin : un bijou dans l'écrin de Lavaux. Un clocher de style italien caractérise ce village gracieux, au passé riche et coloré. Spirituel et plein de finesse, le « St-Saph » anime le dialogue et favorise la convivialité qui sied si bien à nos chers caveaux…

... *Mais il a fallu à la grappe un chemin plus long, plus difficile, et cette mystérieuse alchimie qui a transmué son jus trouble en vin,*
breuvage des forts, où traîne encore un reste de soleil...

Jean Villard Gilles

Lavaux, vignoble en terrasses...

Lavaux, avec ses 540 hectares de surface viticole, une altitude variant de 400 à 600 mètres, bénéficie d'une régulation thermique donnée par le lac et de l'abondance des cours d'eau descendant de l'arrière-pays et marquant de leur empreinte chaque parchet de vigne.

180 vignerons ou vignerons-encaveurs animent Lavaux, où ils cultivent, parmi d'autres, le Chasselas, cépage de prédilection. Celui-ci est, hors de nos frontières, avant tout

destiné à la production de raisin de table. On trouve néanmoins des Chasselas vinifiés en France (Loire, Alsace) et en Allemagne sous le nom de Gutedel où il fut importé de Vevey à la fin du XVIIIᵉ siècle. Mais c'est à Lavaux que le Chasselas a réellement trouvé ses terres, où la température annuelle moyenne est celle qui, au nord des Alpes, est la plus douce de Suisse. L'action du soleil sur les terrasses et les coteaux offre au Chasselas sa maturité au début de l'automne, et les vendanges se font ainsi juste avant les rigueurs de l'hiver. Le Chasselas cultivé aujourd'hui est le résultat d'une sélection des plants d'origine beaucoup trop délicats et dont le rendement était irrégulier. Ici, celui sélectionné porte le nom de Chasselas «fendant roux»: dénomination due au fait que les raisins charnus et savoureux se fendent sous la pression des doigts sans que le jus s'écoule. Un autre type de Chasselas, le «giclet», moins répandu parce qu'il gicle sous les doigts, orne encore les passages dans les vignes taillées «en gobelet». La structure érigée de ses bois a l'avantage de ménager de la place entre les rangs afin de permettre au vigneron de passer avec ses outils et ses machines. Si ce fruit est le roi des cépages de Lavaux, ses

princes y sont également cultivés. En blanc, certa
exploitations produisent du Pinot gris, du Pinot blanc
Riesling Sylvaner et du Plant du Rhin (Sylvaner).
rouge, le Pinot noir, qui passe pour donner l'un
meilleurs vins du monde, et le Gamay, fruité, imprégn
terroir dont il est issu, se partagent la quasi-totalité
production. Le développement de ces variétés mont.
quel point la diversité viticole est de mise à Lavaux.

La production totale des vins de Lavaux est d'env
9 millions de litres, dont 7,5 de blanc et 1,5 de ro
qui n'est pas uniquement consommée sur place.
majeure partie de la production est acheminée hors d
région et dégustée dans le reste de la Suisse et à l'étran

ituellement, l'acheteur a un contact personnalisé avec
igneron-encaveur chez lequel il va se fournir. D'autres
sibilités lui sont cependant offertes : des coopératives
coles et des négociants-encaveurs assurant la vinifica-
, la promotion et la vente en gros ou au détail de leurs
duits. La promotion des vins vaudois et notamment
vins de Lavaux est assurée par l'Office des vins vau-
à Lausanne. Les caveaux des vignerons, endroits pri-
giés pour découvrir de nouveaux crus, y participent
ement. La spécificité des vins issus du Chasselas est
lleurs à l'origine d'un célèbre concours de dégustation

au Comptoir suisse de Lausanne, le «Jean-Louis» où les
«fins nez» viennent exercer leur talent, cherchant à iden-
tifier «à l'aveugle» le lieu d'origine de cinq verres de
Chasselas des différentes régions viticoles du canton.

Six appellations d'origine

La région viticole de Lavaux compte six appellations
d'origine : Lutry, Villette, Epesses, Saint-Saphorin,
Chardonne, Vevey-Montreux, et deux crus : Dézaley et
Calamin. Quatre appellations seulement sont évoquées
dans cet opuscule, celles qui correspondent aux limites
politiques du district de Lavaux.

En matière de législation vinicole, la dénomination «cru»
est accordée aux «Clos…», «Château…», «Abbaye…»,
«Domaine…» dans la mesure où ils sont reconnus
officiellement. C'est le cas des deux crus de Lavaux :
Dézaley et Calamin. Le Dézaley, situé sur la commune
de Puidoux, est caractérisé par une exposition exceptionnelle. Le terroir du Calamin est directement voisin du
Dézaley, à l'ouest, en contrebas de la Corniche.

Les caveaux

Les caveaux de Lavaux apparaissent comme les ambas-
sades du terroir. Leur ambiance conviviale permet d'y
déguster les crus locaux dans les meilleures dispositions.

L'appellation «Caveau des Vignerons» est réservée aux
établissements régionaux créés par les vignerons en confor-
mité avec les statuts types des centres de dégustation des
vins vaudois. Dans un caveau, l'on sert exclusivement du
vin et les produits de la vigne avec accompagnement de
pain, de fromage et de charcuterie. Neuf caveaux consti-
tuent la diversité de Lavaux : caveaux de Lutry, d'Aran-
Villette, de Grandvaux, de Cully, de Riex, de Rivaz,
d'Epesses, de Chexbres et de St-Saphorin.

Ont participé à l'édition de cet ouvrage :

JEAN-LOUIS SIMON, PULLY
L'OFFICE DES VINS VAUDOIS, LAUSANNE

En partenariat avec :

MICHEL TENTHOREY
DEVILLARD (VAUD) SA, RENENS
HRC, VEVEY
IMPRIMERIE SÄUBERLIN & PFEIFFER, VEVEY
« LA SUISSE » ASSURANCES
NESTLÉ SA, VEVEY

ISBN 2-888467-003-3
CV C00004A1
Code I 0599 SP
Imprimé en Suisse

MAQUETTE ET MISE EN PAGE : MACGRAPH, YVES GABIOUD, PUIDOUX

CarnetsVerts

CARNETS VERTS SA - CH 1052 - LE MONT-SUR-LAUSANNE
43, RUE BEAUBOURG - F 75003 PARIS